Coleta la Coa
(Coleta la Coati)

ERICA DANIELLE

ILLUSTRATED BY JANE BANEN

DEDICATION

For my children: You are the reason for all I do!

Para mis niños: ¡Son la razón para todo lo que hago!

CONTENTS

Hello and welcome to our first book in a series of bilingual, biblical character development books for kids! We begin with a family of coatis, (or coatimundis) which are members of the racoon family from Mexico, Central, and South America. In this story, we focus on Coleta and her problem with sharing.   Let's see how Coleta learns to share the hard way.

¡Hola y bienvenidos a nuestro primer libro de un serie de libros bilingües y bíblicos que ayudan el desarrollo del carácter de los niños! Empezamos con una familia de coatíes, (o coatimundis) que son miembros de la familia de los mapaches de México, América Central, y Sudamérica. En este cuento, nos enfocamos en Coleta y su problema de compartir. Vamos a ver como aprende a compartir de una manera difícil.

Coleta was a lovely little Coati. She loved babies, anything blue, her family and her jungle friends that came over to play. Being with friends was often her favorite part of her day. But sometimes it was just plain difficult for her to watch them play with her things. Well, anything really. It was hard to see anybody have anything.

Coleta era una coatíta muy bonita. A ella le encantaban los bebés, el color azul, su familia y todos sus amiguitos que venían a jugar. Muchas veces, sus amigos eran su parte favorita del día. Pero a veces era simplemente difícil verlos jugar con sus juguetes. Bueno, todo en realidad. Era muy difícil ver a cualquiera persona jugar con cualquiera cosa.

Her sister, Cora, and her brother, Cruz, never knew if Coleta was going to share or push them out of the tree house when they picked something up. They felt very sad when Coleta didn't feel like sharing.

Su hermana, Cora, y su hermano, Cruz, nunca sabían si Coleta iba a compartir o empujarlos de la casa del árbol cuando agarraban algo. Ellos se sentían muy tristes cuando Coleta no tenía ganas de compartir.

One day her friends, Chicho the monkey, Cami the sloth, and Carlos the tree frog came over to play. Chicho brought over his favorite shiny green necklace. "Mine!" Coleta screeched and ripped it off of his neck. Chicho ran away, crying.

Un día sus amigos, Chicho el chango, Cami la perezosa, y Carlos la rana del árbol vinieron a su casa para jugar. Chicho trajo su collar favorito, brillante y verde. –¡Mío! Coleta chilló y arrancó el collar de su cuello. Chicho se fue corriendo y llorando.

Cami brought her baby human with little diapers. "Mine!" Coleta squealed and seized the tiny bundle. Cami turned and slowly left the tree house, crying.

Cami trajo su bebé humano con pañalitos. –¡Mío! Coleta gritó y secuestró el bulto pequeñito. Cami giró y se fue despacito de la casa del árbol, llorando.

Carlos brought his blue bubbles.
"Mine!" Coleta hissed and began to blow and spill his beautiful new container of bubbles. Soon all the friends were gone. They did not want to play with Coleta anymore. They felt scared to share their toys with her.

Carlos trajo sus burbujas azules.
–¡Míos! Coleta siseó y empezó a soplar y derramar su nuevo envase bonito de burbujas. Muy pronto todos los amigos se marcharon. No quisieron jugar con Coleta nunca jamás. Tenían miedo de compartir sus juguetes con ella.

Coleta looked at all of the wonderful, fun things she now had all to herself, and felt empty. Fun things weren't so much fun without someone to share it with after all. She decided to ask her Mama Coati to help her fix and return the great things she took from her friends.

Coleta vio todas las cosas maravillosas y divertidas que ya tenía todo para ella. Decidió pedirle ayuda a su Mamá Coatí en arreglar y devolver todas las cosas buenas que les robó de sus amigos.

Mama agreed and they went to find everyone.

Mamá estuvo de acuerdo y se fueron a buscar a todos.

"I'm sorry, Chicho. Here is your necklace back."

–Lo siento, Chicho. Aquí está tu collar.

"I'm sorry, Cami. Here is your baby."

–Lo siento, Cami. Aquí está tu bebé.

"I'm sorry, Carlos. Here are your bubbles. I'll work to buy you new ones."

–Lo siento, Carlos. Aquí están tus burbujas. Voy a trabajar para comprarte unas nuevas.

Coleta felt much better. She decided she loved the feeling of being kind and sharing. Friends made toys more fun, and her heart liked giving more than being mean. From that day on, no one had to worry about Coleta taking their things without her using nice words to ask for them.

Coleta se sintió mucho mejor. Decidió que le encantaba el sentido de ser simpática y de compartir. Lo más divertido de los juguetes es tener con quien compartirlos, y a su corazón le gustó dar más que ser antipática. Desde ese día, nadie tenía que preocuparse por si Coleta iba a tomar sus cosas sin usar palabras cariñosas para pedirlas.

"And do not forget to do good and share with others, for with such sacrifices God is pleased." Hebrews 13:16

-Y de hacer bien y de la ayuda mutua no os olvidéis; porque de tales sacrificios se agrada Dios. Hebreos 13:16

ABOUT THE AUTHOR

Erica Danielle es una maestra y madre de Wyoming. Cuándo no está escribiendo y enseñando a los niños, le gusta explorar las montañas y lagos de Wyoming, hacer ejercicio, viajar, y cocinar.
Erica Danielle is a Spanish teacher and mother in Wyoming. When she is not writing books and teaching children, she enjoys the outdoors of Wyoming, fitness, reading, traveling and cooking.

Jane Banen es una especialista en diagnóstico educacional quien también trabajó como maestra de arte. Ella vive en Oregón, y tiene muchos intereses, que incluyen arte, y es muy atrevida.

 Jane Banen is an educational diagnostician who has also worked as an art teacher. She lives and enjoys life in Oregon and has a wide variety of interests, including art and has a heart for adventure.

<u>Actividades de extensión (Extension Activities)</u>

Vocabulario esencial (Essential vocabulary):

Mantenga el vocabulario que espera usted que los niños produzcan pequeño y enfocado. Lo siguiente incluye estructuras de frecuencia alta (verbos y frases que se usan mucho y que va a producir fluidez más rápido en el idioma. Espera que vaya a tener que hablar y dar al niño mucho input comprehensible (oír el lenguaje en lo más posible en una manera que se puede entender) antes de que vayan a poder producir el lenguaje sólo.

Keep the actual vocabulary that you expect the children to produce small and focused. The following include high frequency structures (verbs and phrases that are used often and will lead to faster fluency in the language.) Expect to speak and give your child much comprehensible input (hearing the language as much as possible in a way that they can understand) before they can produce the language on their own.

Tiene - She has

Está triste - He is sad or She is sad

Lo siento - I am sorry

Están contentos - They are happy

Ejemplos de preguntas para hablar del libro - (Example Questions for talking about the book)

Use estas preguntas durante todas las actividades y juegos siguientes para una experiencia divertida y memorable. Para principiantes, dales dos opciones para contestar. Para hablantes más avanzados, se puede dejar la pregunta más abierta:

Use these questions during all of the following activities and games for a fun and memorable experience. For beginners, give them two options for answering. For more advanced speakers, the questions can be left more open:

¿Qué tiene Coleta?   - What does Coleta have?

¿Un collar o burbujas?   - A necklace or bubbles?

¿Es suyo?   - Is it hers?

¿Cómo se siente Carlos?   -How does Carlos feel?

¿Triste o contento?   - Sad or happy?

Coloring pages - Using the story, repeat the part of the story as the children color.

Deje una reseña del libro en Amazon, por favor.

Please leave a review on Amazon!

Memoria: Corte todas las fotos. Pongalas para abajo. Hable de las fotos en el idioma que quiera que el niño aprenda y anime al niño a hablar, también.

Memory: Cut out all of the pictures. Place them all face down. Talk about the pictures in the language of your choice and encourage the children to talk about them, too.

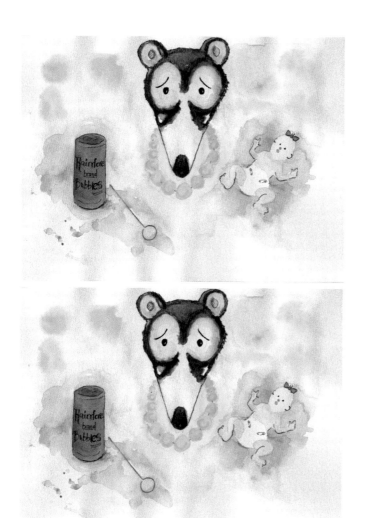

Made in the USA
Las Vegas, NV
19 March 2023